PARMI DES MILLIONS

Collection *Les Illustrés*

www.editionsdelaube.com

ISBN 978-2-8159-4051-1

Hubert Reeves

Parmi des millions

Illustrations de Pascal Lemaître

éditions de l'aube

Pourquoi l'univers est-il si singulier et si précieux ?

L'univers est gouverné par des lois : celles de la physique – la gravité, l'électromagnétisme, les forces nucléaires. Ce sont les forces fondamentales qui gouvernent tous les phénomènes qui se passent dans la nature. Nous savons que ces lois sont universelles. Ce sont les mêmes lois qui régissent la matière ici et dans les galaxies les plus éloignées. C'est un

phénomène étonnant : alors que, dans l'univers, tout change continuellement, il y a ces lois qui, elles, ne changent pas.

Ces lois s'expriment avec des chiffres : la constante de Newton, par exemple. On ne sait pas pourquoi ces valeurs-là sont ce qu'elles sont. On le constate simplement : la nature est ainsi.

Mais il y a plus intéressant : on peut « s'amuser » à changer ces lois et à simuler, à l'aide de modèles sur ordinateur, le développement de l'univers depuis son début, le Big Bang, il y a environ quatorze milliards d'années. Comme dans un jeu. On change les lois et on voit ce que ça donne : qu'est-ce que ça change si je diminue la gravité par deux ou l'électricité par dix ?

Et là, on découvre une situation qui étonne tout le monde : si vous changez ces lois un tout petit peu, pas beaucoup, parfois seulement de 1 %, les nouveaux univers créés par ces lois – on appelle ça des univers jouets – deviennent totalement différents. Par exemple, l'univers peut rester en expansion mais il ne se forme pas d'êtres vivants. Ou alors, il ne se forme même pas de molécules et la matière reste inorganisée.

On appelle donc « lois fertiles » les lois qui donnent le résultat que nous connaissons. Par exemple, elles permettent l'existence des atomes de carbone. Si vous changez les lois, il n'y a plus d'atomes de carbone, plus d'atomes d'oxygène, vous avez des univers

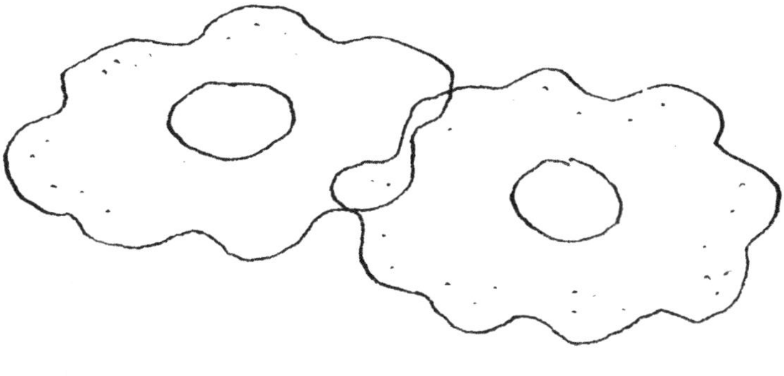

complètement gris, qui ne donnent rien, aucune vie, aucune organisation.

Ces lois sont donc un peu comme des recettes. Notre univers a pris les bonnes recettes pour faire des êtres vivants, un peu comme on peut prendre les bonnes recettes pour faire un gâteau. Si on change la recette, peut-être sera-t-il moins bon ?

Évidemment, cela engendre d'innombrables questions. Cela a même des implications philosophiques et métaphysiques. Il y a de grands débats aujourd'hui. Certains astrophysiciens disent : « C'est sans importance, ça ne veut rien dire, il n'y a rien à chercher là-dedans. » D'autres, au contraire, répondent : « Non, cela soulève des questions. Comment se fait-il que les

lois de notre univers soient ces lois fertiles plutôt que d'autres ? » Je pense que ces questions méritent d'être posées. Mais je ne connais pas la réponse.

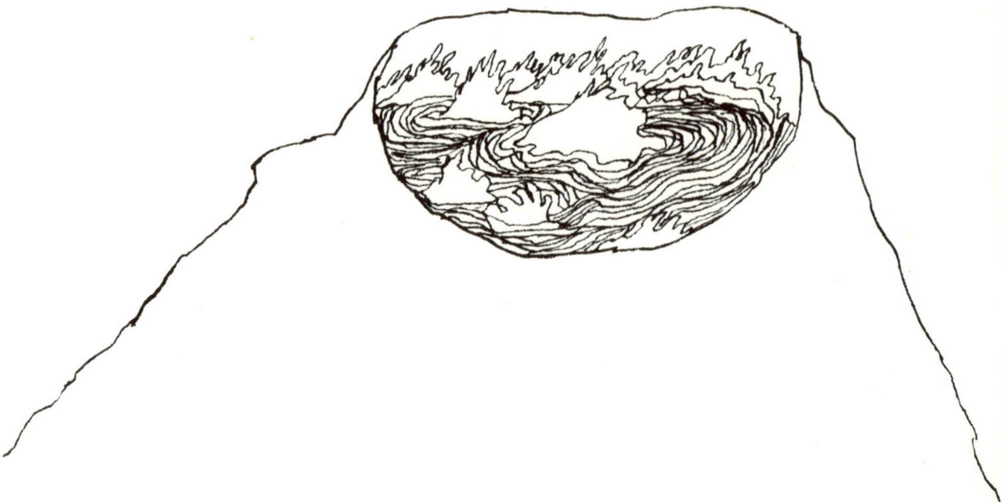

C'est quoi, l'écologie ?

L'écologie, c'est prévoir l'avenir. L'écologie, c'est se rendre compte que si, aujourd'hui, nous vivons bien et bénéficions de beaucoup de confort, tout cela est menacé et n'est pas durable. C'est se rendre compte que les indicateurs de danger se multiplient, que nos modes collectifs de fonctionnement ne peuvent durer et que, si on tient à ce que nos enfants et nos

petits-enfants aient une vie confortable, il faut absolument à la fois reconnaître, regarder en face et résoudre les problèmes qui se posent aujourd'hui.

C'est ça, pour moi, l'écologie : une lecture prudente et lucide qui regarde ce qui se passe dans le monde et se rend compte que ça ne va pas.

On a longtemps pensé que l'homme pouvait dominer la nature, en profiter, en faire son esclave. On retrouve cette injonction dans la Bible, dans la Genèse et également chez Descartes : « Investissez et mettez la nature à votre service. »

Mais c'est une très mauvaise solution, car notre domination sur la nature nous amène à des catastrophes. Il faut abandonner l'idée de profit pour tenter d'appréhender nos interactions avec tous les éléments de la nature – les plantes, les animaux, l'eau, le ciel, l'air –, et comprendre que ces interactions nous sont fondamentales et qu'elles sont menacées. Nous faisons partie d'un écosystème qui nous est indispensable.

On sait aujourd'hui qu'il y a eu sur terre des millions d'espèces vivantes depuis l'origine de la vie. Un grand nombre d'entre elles ont vécu et ont disparu, d'autres sont encore présentes. Ce qui permet à une espèce de durer, c'est sa capacité à vivre en harmonie avec la nature, à s'intégrer dans son écosystème, à se rendre compte que tout ce qui l'entoure lui est indispensable et que la nature ne lui fera pas de cadeau.

Si nous n'arrivons pas à vivre en harmonie avec la nature, si nous ne parvenons pas à la comprendre, nous disparaîtrons. Nous sommes une espèce parmi des millions. Des millions ont vécu. Des millions ont disparu.

La loi est la même pour tous : la nature ne fait pas de cadeau.

La nature n'a-t-elle pas de morale ?

On dit souvent aussi que la nature est cruelle : les espèces se mangent entre elles et la vie des uns est basée sur la mort des autres. Mais la mort est nécessaire à la vie. Et la nature n'a pas de « remords ». Elle est ce qu'elle est. Elle n'a pas de morale.

C'est à nous de nous y adapter et de vivre avec elle. La nature fait la vie et arrive à créer des

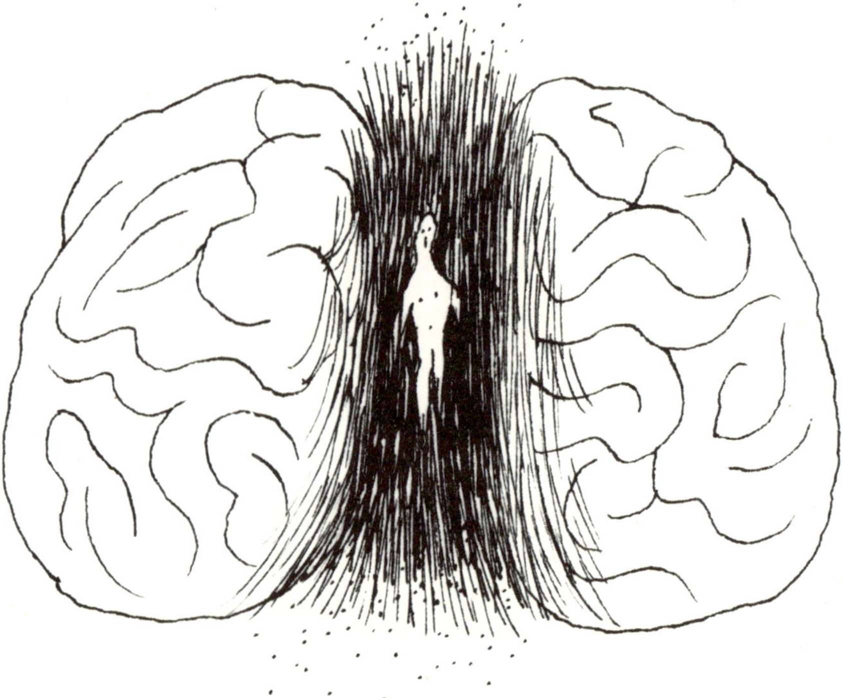

choses fantastiques, de manière extrêmement efficace. Regardez le corps humain : c'est une chose absolument fantastique.

Mais, essentiellement, je ne crois pas que notre intelligence soit en mesure de comprendre la nature. Nous pouvons l'étudier, mais une vision plus globale nous échappe. Et je crois que cela est lié aux limites de notre cerveau. Car les cerveaux, évidemment, ont des limitations. Vous n'auriez, par exemple, pas l'idée d'enseigner la géométrie à votre chat. Parce que vous savez très bien que le cerveau de votre chat n'est pas en mesure de comprendre la géométrie. Ça ne l'intéresse même pas. C'est pareil ici : même si nos cerveaux sont capables de faire des prouesses – comme la théorie de la relativité –, ils ne peuvent répondre à une question comme celle-là. Car le mot « morale » est un mot à notre échelle, à l'échelle humaine.

La mort est également imbriquée intrinsèquement dans les mécanismes d'évolution qui ont permis que nous existions. On connaît aujourd'hui les théories de Darwin sur l'évolution : la survie du plus adapté. Cela suppose évidemment la mort. Sans la mort, il n'y aurait pas eu d'évolution darwinienne.

Parler de morale de la nature serait ramener la nature à une échelle qui est la nôtre alors que la nature est à une tout autre échelle. Si je vois quelqu'un agir de façon cruelle, je peux penser qu'il est immoral. Mais si je vois la nature agir d'une façon que nous, humains, trouvons cruelle, c'est mon jugement qui n'est pas à la bonne mesure.

MORALE

d'après
Monolithe
de Coatlicue.

L'incapacité à vivre en respectant les espaces naturels est-elle spécifique à nos sociétés modernes ?

Certaines civilisations ont vécu plus en harmonie avec la nature que nous. Mais il n'est pas vrai de dire que, dans le passé, toutes les anciennes populations le faisaient. On connaît maintenant beaucoup de civilisations et de cultures qui ont disparu : celle de l'île de Pâques, celle des Aztèques… Ils ont eu le même problème que nous : à un moment donné, ils ont trop exploité leur environnement, ils ont surestimé leur capacité à durer, cela a provoqué des catastrophes et ils ont disparu.

Mais dans le passé, le fait qu'une civilisation disparaisse parce qu'elle avait trop exploité son milieu n'était pas une catastrophe à l'échelle de la planète. Une civilisation pouvait s'effondrer au Mexique ou en Indonésie sans trop affecter les autres : la Terre était assez grande. Aujourd'hui, notre influence sur la nature est telle que, pour la première fois, cette disparition serait un phénomène global. Si nous ne changeons pas, c'est l'ensemble des humains qui est menacé.

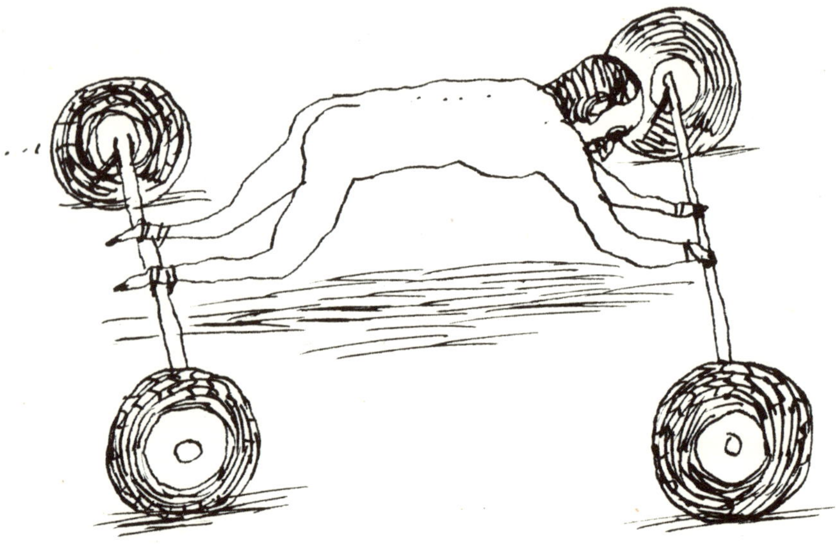

La civilisation occidentale se répand partout et influence la planète entière. C'est l'un de ses effets nocifs. Et la surexploitation présente atteint un tel niveau que nous, les humains, sommes en mesure de modifier, d'altérer la Terre. Notre puissance est aujourd'hui à la mesure de la dimension et des réserves terrestres. Nous consommons tellement d'énergies fossiles que nous réchauffons l'atmosphère, nous acidifions les océans et polluons l'air. On construit maintenant des bateaux de pêche tellement efficaces, tellement puissants que l'on pêche deux fois plus de poissons qu'il ne s'en reproduit…

Une pêche à ce rythme-là n'est évidemment pas durable.

Nous détruisons aussi, systématiquement, des « cadeaux » de la nature qui nous sont indispensables, par exemple, les marécages. Quand j'étais enfant, on disait qu'il fallait assainir les marécages parce que l'on considérait que c'était malsain. Aujourd'hui, on réintègre les marécages parce que l'on a compris leur importance : il s'y déroule des processus nécessaires à la vie, à la purification de l'eau, à la santé des plantes... Il nous faut avoir des marécages.

Les abeilles en sont un autre exemple. Aujourd'hui, on est en train de les éliminer et leurs populations diminuent rapidement.

De même pour la forêt. Elle est indispensable pour que l'oxygène soit recyclé. Mais que fait-on ? On coupe

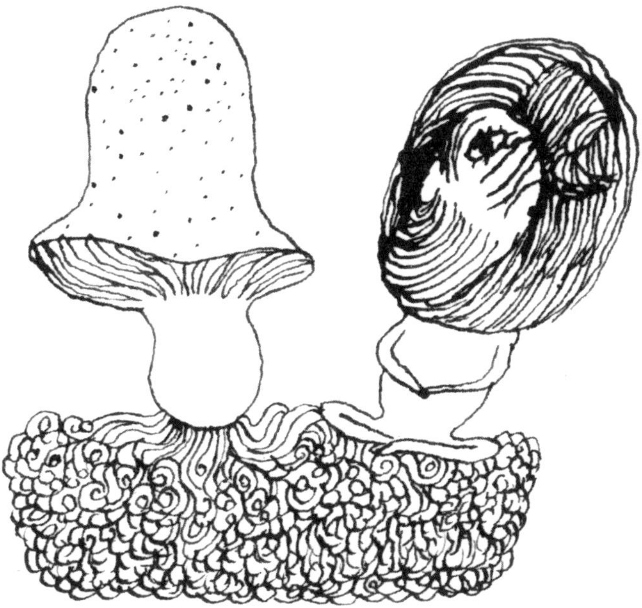

toujours plus de bois en Indonésie, au Congo, en Amazonie. Nous scions littéralement la branche sur laquelle nous sommes assis.

Jusqu'ici, parfois sans s'en rendre compte, nous avons considérablement abîmé les milieux naturels. Nous savons maintenant que nous avons tué plus de la moitié des êtres vivant sur la Terre. L'activité humaine, depuis deux cents ans à peu près, a divisé par deux le nombre de plantes et d'animaux existants.

Un autre exemple est celui des voitures que nous avons commencé à fabriquer en très grande quantité à partir de 1950. Bien sûr les voitures existaient avant, mais la quantité de voitures produites a augmenté dans de telles proportions qu'on en est arrivé au point où on réchauffe notre atmosphère et notre planète.

La fin de la Seconde Guerre mondiale – disons, à peu près, 1950 – marque d'ailleurs le moment où notre influence, notre impact sur la Terre, sont devenus tels qu'ils menacent maintenant la planète entière.

L'influence de la démographie est évidemment très importante, et c'est la rencontre entre l'augmentation de la population humaine, sa puissance et la finitude de notre planète et de ses ressources qui est aujourd'hui source de tension.

On voit donc à quel point notre action a maintenant un effet à l'échelle de la planète entière. Mais nous n'avons qu'une seule planète. C'est un fait nouveau dans l'histoire de la Terre : toute la planète et toute la biosphère sont en jeu. Car la Terre n'est pas infinie.

J'utilise souvent l'image du chimiste en train de faire une expérience, qui chauffe une éprouvette et qui voit, tout d'un coup, que ça va exploser. Que fait-il ? Il ferme son bec de gaz, il quitte son laboratoire et rentre chez lui. Nous sommes à l'image de ce chimiste : nous faisons une expérience avec la Terre. On envoie de plus en plus de gaz carbonique dans l'atmosphère.

Et on sait maintenant que cet accroissement de température va causer de très graves problèmes.

La différence avec le chimiste, c'est que nous faisons une expérience dans laquelle nous sommes nous-mêmes dans l'éprouvette et non pas à l'extérieur. Il n'est pas question de sortir du laboratoire. Nous voici menacés par notre propre activité.

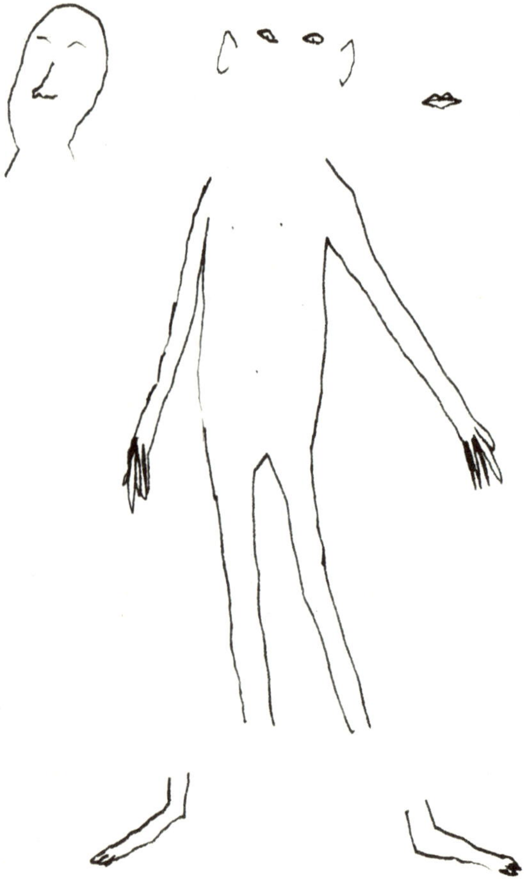

Aujourd'hui, le vivant s'effondre, les espèces sont décimées par la diminution de leurs espaces de vie. Pourquoi est-ce grave ? Quel est le rôle de la biodiversité ?

Si, dans un écosystème tel que la forêt ou la mer, on élimine l'une des espèces, cela provoque des effets en chaîne sur les autres espèces, des effets « dominos ».

Prenons un exemple : aujourd'hui, on a éliminé à peu près 95 % des requins. Comme les requins mangent la mante marine, cette mante s'est mise à proliférer extrêmement rapidement. Cette mante mange elle-même beaucoup de crustacés, et donc eux-mêmes sont en chute libre. Cela bouleverse les équilibres dans l'échelle de prédation. Ces équilibres ont mis des millions d'années à s'établir et à s'affiner. Ils sont très délicats et permettent aux écosystèmes de durer, de se perpétuer. Quand on affecte le sommet, cela bouleverse toute la chaîne.

On peut aussi avoir l'effet inverse et affecter un écosystème par sa base. Prenons le krill, ces petites crevettes qui abondent surtout dans les mers glaciales. Elles sont mangées par des petits poissons, eux-mêmes mangés par les plus gros poissons, etc. Si on perturbe les populations de krill, c'est toute la chaîne qui en souffre. Car aucune espèce n'est autonome, capable de vivre toute seule. Elles entrent toutes dans un grand écosystème où les rapports chasseurs/chassés se sont ajustés à un certain niveau qui est stable depuis des millions d'années.

Que faisons-nous, nous, les humains ? On coupe la tête ou les pieds, on affecte le sommet et la base. Évidemment, ça s'écroule. Sans que l'on s'en rende compte. J'aime bien cette comparaison de l'avion et du boulon. Vous prenez un avion et vous enlevez un boulon quelque part. Ce n'est pas très grave. Vous en enlevez un autre. Ce n'est pas grave non plus. Aucun boulon n'est indispensable. Mais quand vous en aurez assez enlevé, l'avion va s'écrouler.

C'est ça, l'idée de l'équilibre entre les chasseurs et les chassés, entre les proies et les prédateurs. Les hommes sont comme un éléphant dans un magasin de porcelaine. Nous sommes très puissants, nous autres humains. Nous sommes de loin l'espèce la plus puissante qui existe sur la Terre, et nous avons à vivre avec le fait que cette puissance, qui nous aide, nous menace également et pourrait nous faire disparaître.

L'être humain est devenu quelque chose d'énorme. On a du mal à s'en rendre compte. Dans le passé, la puissance qui était entre les mains des êtres humains était limitée. Je prends un exemple très simple : la bombe atomique. Vous savez très bien que s'il y avait eu une guerre nucléaire pendant la guerre froide, l'humanité

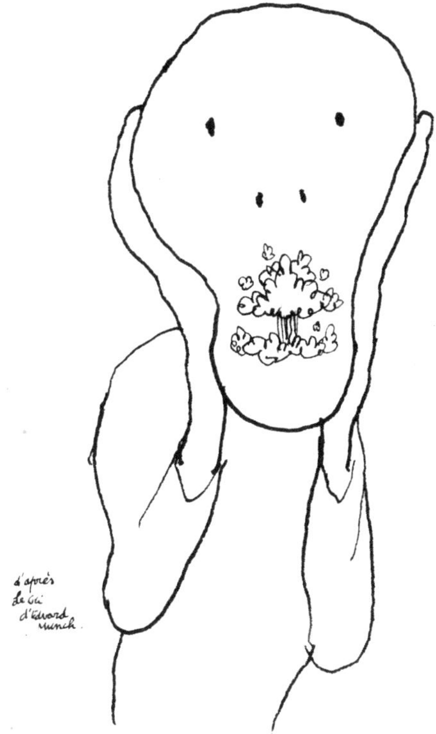
d'après
Le Cri
d'Edvard
Munch.

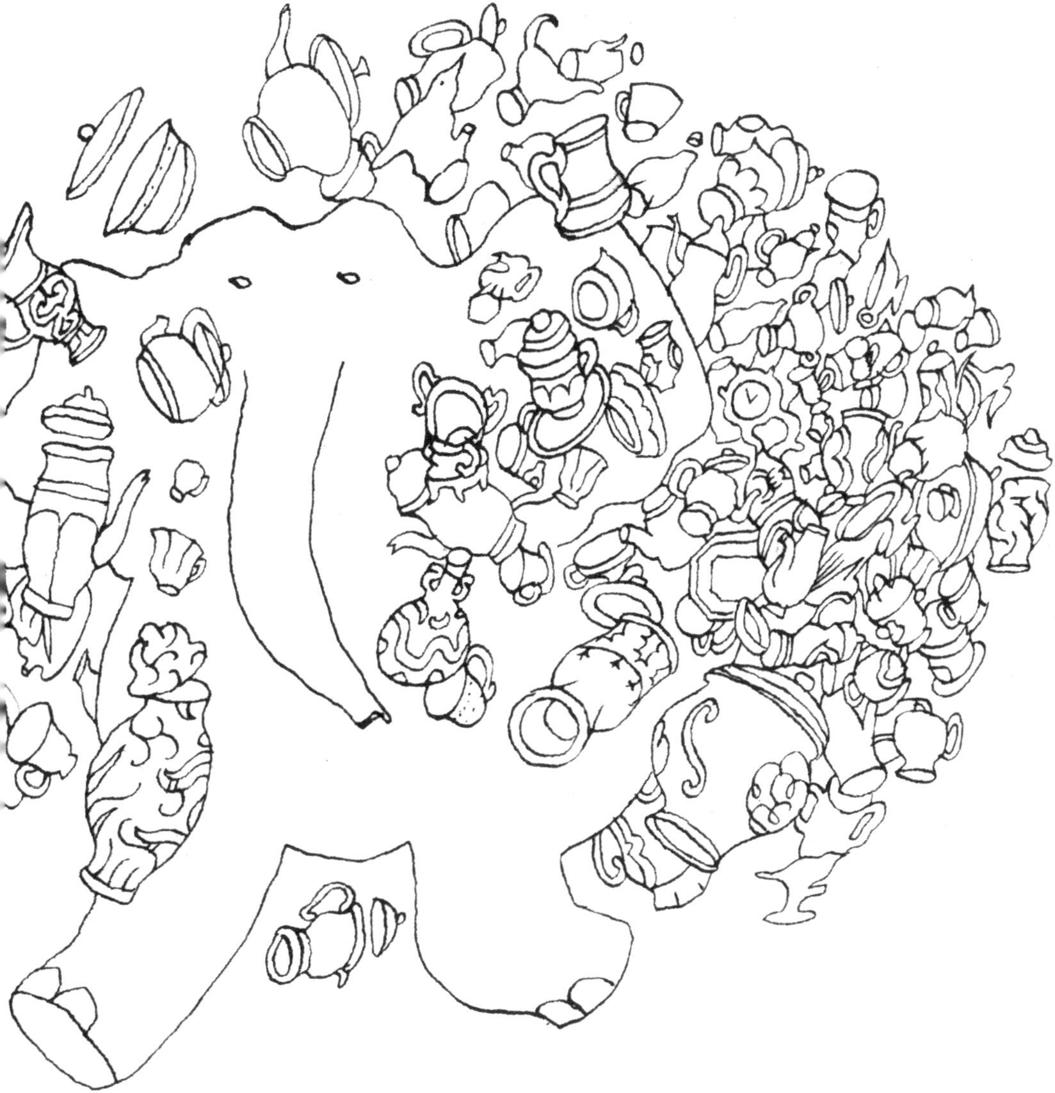

aurait probablement disparu. Il n'y a aucune guerre du passé qui aurait pu faire disparaître l'humanité. Il fallait vraiment avoir atteint un niveau technologique très grand – la bombe atomique en est l'exemple – pour créer une menace à l'échelle mondiale.

On peut dès lors se demander si notre intelligence est un cadeau empoisonné.

S'il y avait eu cette guerre nucléaire et que l'humanité s'était autodétruite, des visiteurs extraterrestres arrivant sur la Terre auraient pu se dire : « Les malheureux, ils ont vraiment eu un cadeau empoisonné. Ils vivaient sur une planète accueillante, puis ils ont découvert la bombe atomique et n'ont pas été capables de s'empêcher de se l'envoyer sur la tête. »

Cette intelligence, la nature nous l'a mise entre les mains : « Je vous ai fait un bon cadeau, mais je vous laisse en gérer vous-même les effets. Si vous n'y parvenez pas, vous disparaîtrez. »

À nous de montrer que nous en sommes capables.

Nous sommes très puissants. Mais sommes-nous si formidables ?

L'espèce la plus menacée, aujourd'hui, c'est nous, et nous sommes menacés à l'échelle de quelques décennies. Il y a très peu d'espèces qui sont menacées à une telle échelle. Si l'on faisait un palmarès des espèces selon leur longévité, les tortues seraient cent fois meilleures que nous. Elles existent depuis deux cents millions d'années, elles ont traversé des quantités de crises – écologiques, météoritiques, climatiques. Les humains, nous avons à peine sept millions d'années (c'est à peu près l'âge que l'on nous donne) et nous sommes déjà dans le collimateur de la sixième extinction. Nous nous croyons très haut, mais nous sommes, en fait, tout en bas de l'échelle. La disparition des autres espèces était due *a priori* à des facteurs extérieurs à elles-mêmes : le climat ou la dérive de continents, par exemple. Ce n'était pas de leur faute. Alors que nous, qui sommes capables de résister à peu près à tous les dangers de la Terre, nous sommes menacés par nous-mêmes.

On dit toujours qu'il faut éradiquer les espèces invasives. Mais nous sommes la principale espèce invasive !

Et d'ailleurs, imaginons cela : imaginons la disparition des humains et d'une bonne partie de la vie, que ce soit à cause la détérioration de l'environnement ou de la bombe atomique. Dans notre cas, on le sait, ce serait notre faute : l'humanité s'éliminerait elle-même.

Ne pourrait-on pas dire : ces disparitions sont une simple anecdote ? Ne vaudrait-il pas mieux que la Terre passe à autre chose ? Après tout, des millions d'espèces ont disparu, ça s'est passé tellement de fois, pourquoi en faire une telle histoire ?

Cependant, il y a certaines choses que seule l'humanité a pu apporter, et si nous disparaissions, ces choses disparaîtraient avec nous et ce serait dommage. Pour moi, il y en a trois.

La première, évidemment, c'est l'art, c'est la culture, Mozart, Beethoven, la peinture, tout cela. Tout cela disparaîtrait, les musées tomberaient en ruine et les termites n'épargneraient pas les Stradivarius. Une des choses que seuls les humains ont pu apporter, c'est l'art.

La deuxième chose, c'est la science. Il n'y a que nous qui ayons été en mesure de comprendre le fonctionnement et les lois de la nature, de déchiffrer l'histoire de l'univers jusqu'au Big Bang, d'aller sur la Lune et sur Mars… Si nous disparaissions, nos radiotélescopes rouilleraient sur leur montagne.

La troisième, qui pour moi est la plus importante, peut être présentée de la façon suivante : prenons un

nid d'oiseau. Il y a deux oisillons. L'un des oisillons est malade, l'autre est en bonne santé. Les parents ne nourrissent que l'oisillon en bonne santé. Pourquoi ? Les biologistes nous expliquent que c'est dans l'intérêt de la lignée de soigner l'oisillon qui est en bonne santé, parce qu'il a probablement des meilleurs gènes, tandis que l'oisillon malade a peut-être de moins bons gènes. C'est ce qu'on appelle la logistique des gènes et elle va pousser les parents à nourrir les oisillons en bonne santé et à laisser mourir les oisillons malades.

Mais dans une famille humaine, si vous avez un enfant malade et un enfant en bonne santé, les parents nourrissent l'enfant malade, en prennent soin, peut-être plus même que de l'enfant en bonne santé.

Pourquoi cette différence entre la vie humaine et la vie en général ? C'est l'influence de la compassion. La compassion est une réaction intérieure de sensibilité à la souffrance et au malheur des autres. C'est un phénomène qui est apparu progressivement au cours de l'évolution et qui a produit les mécanismes et les comportements d'entraide entre les humains jusqu'à l'avènement de la médecine et des mouvements humanitaires comme la Croix-Rouge ou Amnesty International. Toute cette intense activité humaine ne donne rien sur le plan de la lignée. Les malades, il vaudrait mieux les laisser mourir, selon le raisonnement précédent. Mais nous ne sommes, aujourd'hui, plus capables de laisser mourir nos

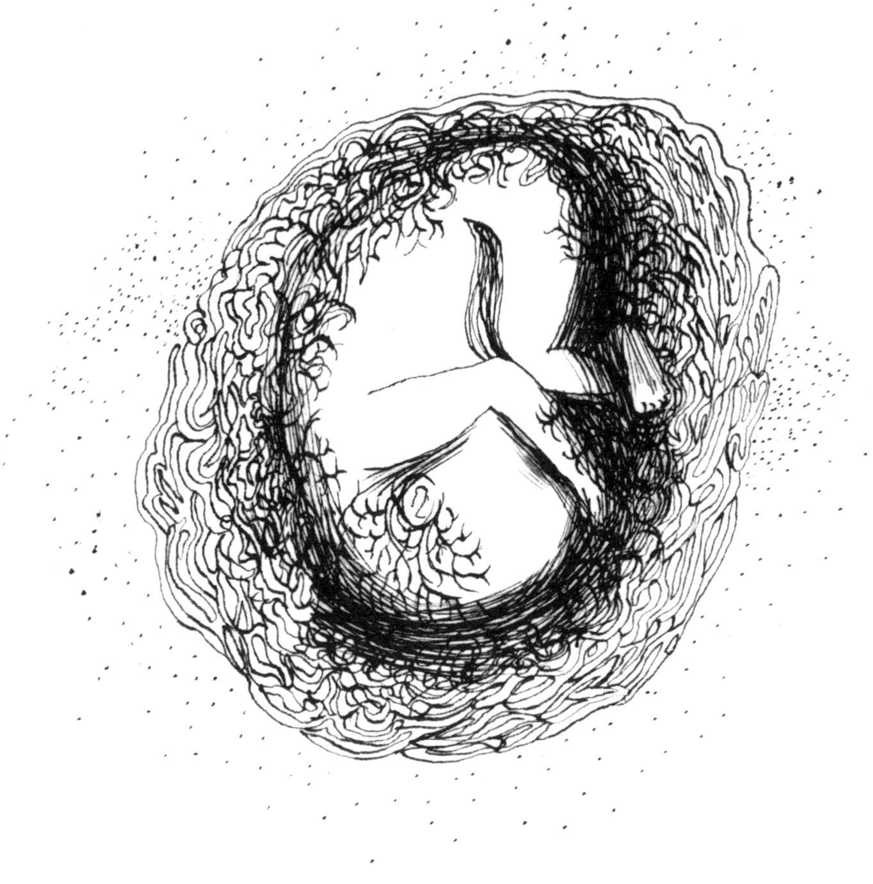

malades. La compassion, cette pulsion intern… puissante, nous empêche d'être indifférents à la souffrance et nous pousse à nous occuper des autres. C'est le troisième élément qui a été apporté par les humains et qui est peu répandu dans le règne animal à une telle échelle, bien qu'on retrouve ce comportement chez certains grands singes et chez certains dauphins.

Pour moi, ces trois éléments montrent que les humains, malgré leurs erreurs et leurs égarements, ont aussi apporté des choses qu'aucune espèce n'a pu apporter jusqu'ici. Et comme ces choses disparaîtraient avec nous, cela mérite qu'on s'occupe de la survie de l'humanité.

Certaines personnes, considérant qu'il est trop difficile de changer nos sociétés, proposent, quand la Terre sera devenue inhabitable, un exil de l'humanité vers une planète B. Qu'en pensez-vous ?

Vous savez, je ne crois pas que nous ayons une planète B, une planète de rechange où l'humanité pourrait fuir la dégradation qu'elle a créée sur la Terre. Et même si on en avait une, ce ne serait pas une solution.

D'abord, parce que si on n'apprend pas à avoir un meilleur rapport avec la planète qui nous supporte, nous irons faire la même chose là-bas.

Ensuite, comment diable pourrions-nous nous y rendre ? Et nous y rendre avec beaucoup de monde ? Cela n'aurait pas de sens de faire survivre une ou deux personnes. Il faudrait que cela soit une solution à l'échelle de l'humanité.

On connaît effectivement des exoplanètes, ces planètes hors de notre système solaire (car aucune des planètes de notre système solaire ne permet d'héberger la vie), mais nous ne sommes pas sûrs qu'elles soient habitables. Pour nous y rendre aux vitesses que nous pouvons atteindre avec nos fusées aujourd'hui, ça

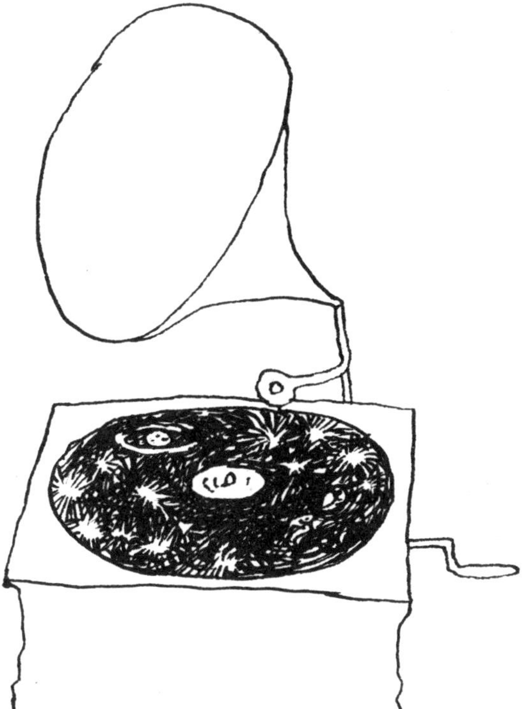

prendrait cent mille ans. Nous n'allons pas du tout assez vite ! Évidemment, la science progresse. Il y a deux cents ans, la plus grande vitesse qu'on atteignait avec les premiers chemins de fer était de cinquante kilomètres à l'heure. Maintenant, avec les sondes spatiales, nous atteignons cinquante mille kilomètres à l'heure. En deux cents ans, nous avons progressé d'un facteur mille. Mais c'est encore beaucoup plus que ça qu'il nous faudrait gagner. Est-ce qu'on y arrivera ? Personne ne le sait. Donc, je ne crois pas que ce soit une solution. Nous sommes obligés d'apprendre à vivre en harmonie avec la nature ici !

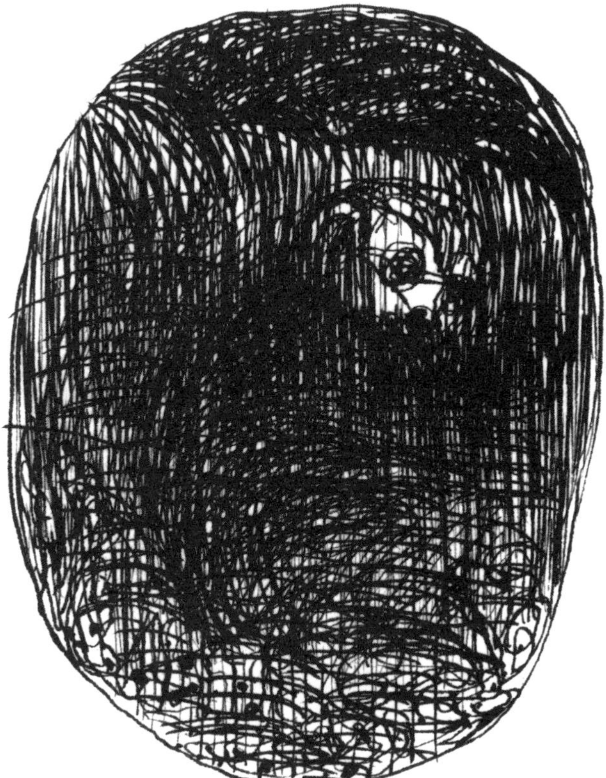

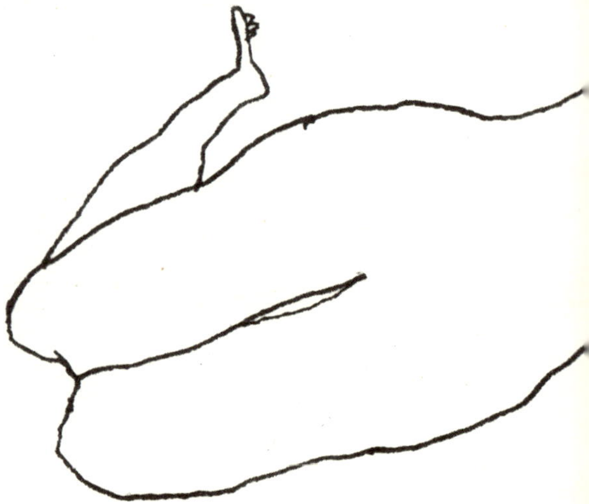

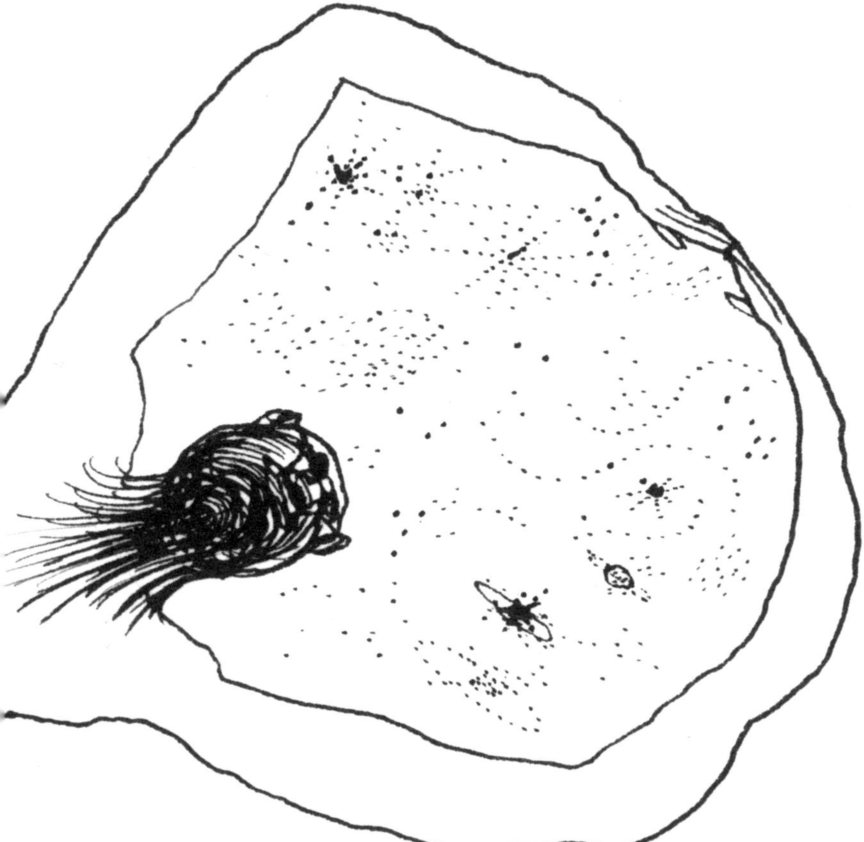

Les mentalités commencent à changer. D'où nous vient cette conscience planétaire émergente ?

Pour une part, cela vient de l'exploration spatiale, quand les humains ont vu pour la première fois, dans les années 1957-1958, la Terre photographiée par les satellites. Cette image a eu un impact très fort, justement parce qu'elle était nouvelle.

Tout d'un coup, on découvrait que nous sommes sur une petite boule et que cette boule n'est pas

infinie, qu'elle est isolée dans l'espace et que c'est notre vaisseau spatial. On envoie des vaisseaux spatiaux et on découvre que nous sommes nous-mêmes sur un vaisseau spatial ! Cela induit un sens de responsabilité. Je pense que ça a joué de façon importante.

Un autre facteur important de notre prise de conscience progressive, ce sont les problèmes que nous ressentons tous aujourd'hui : l'augmentation du nombre et de la force des tempêtes, du nombre et de l'intensité des canicules, le réchauffement climatique… Nous savons qu'ils sont des phénomènes planétaires.

La pollution aussi est devenue planétaire.

Les humains, dans le passé, jetaient leurs déchets un peu partout dans la nature. Ce n'était pas très grave. On pouvait encore considérer l'océan comme une poubelle parce qu'il était très grand et que nous étions très peu nombreux. Aujourd'hui, on découvre que l'océan n'est, en fait, pas assez grand. Il commence même à être plein ! C'est donc la dimension de l'impact qui importe. Quand l'impact était petit, il était sans conséquence grave. Mais cet impact a largement évolué. Il atteint maintenant les limites de notre planète, c'est beaucoup plus grave.

Heureusement le cerveau humain est extrêmement adaptable. Il n'est pas condamné à conserver sa vision du passé. C'est une question d'éducation. On constate d'ailleurs très bien combien les attitudes ont changé très dans les pays occidentaux. Les associations de protection de la nature se développent à grande vitesse. Je fais donc confiance aux êtres humains et au cerveau humain, mais si on lui enseigne ce qu'il faut. Car il ne le fera pas de lui-même. Mais, peu à peu, il peut apprendre. Les humains peuvent apprendre. Et pour apprendre, il ne faut pas des cours ni des

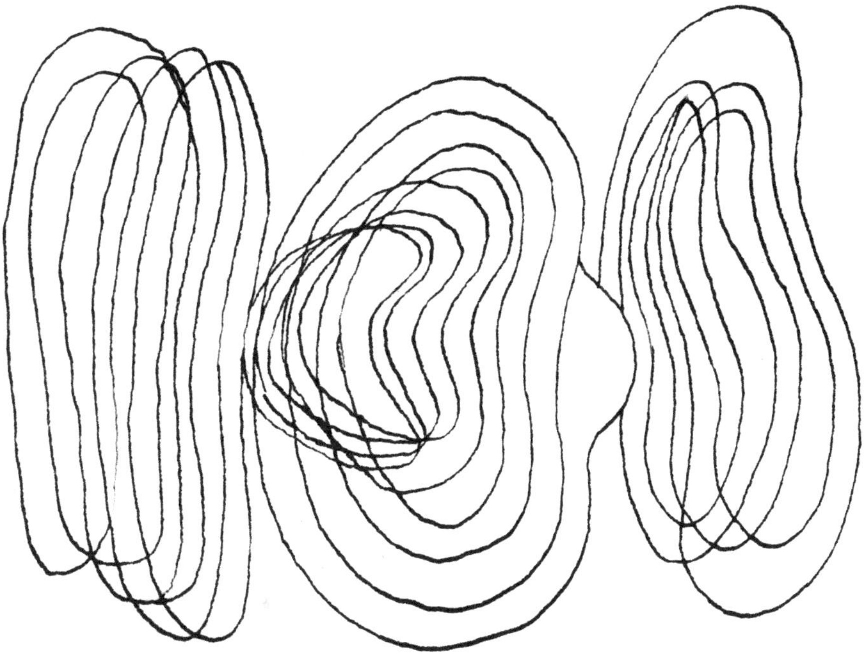

leçons : il faut des exemples. De même que les enfants apprennent le langage par mimétisme, ils regardent et absorbent le comportement de leurs parents puis les imitent. Cette formidable envie d'apprendre est une caractéristique importante des êtres humains : regardez combien un enfant apprend vite ! Je crois beaucoup à l'éducation et, surtout, aux modèles, aux exemples.

Dans cette crise, nous sommes donc les acteurs, les victimes, mais nous sommes aussi les solutions.

Est-ce la faute de la technologie si nous avons gagné trop de pouvoir ?

Une technologie n'est intrinsèquement ni bonne ni mauvaise. Cela dépend de ce qu'on en fait. Avec le feu, vous pouvez vous réchauffer, mais aussi incendier la maison de votre voisin. Avec l'électricité, vous pouvez vous éclairer, mais aussi vous électrocuter. C'est le côté neutre, a-moral (c'est-à-dire hors du champ de la morale) des technologies.

Elles dépendent intrinsèquement de ce que vous en faites. La science elle-même est incapable de juger. Elle ne dit pas ce qui est bon et ce qui est mauvais. Si vous décidez de faire des bombes atomiques, elle peut vous dire comment les faire, mais elle ne vous dira pas si c'est une bonne idée ! Ce n'est pas son domaine. Ça, c'est le domaine de l'éthique, le domaine de la morale.

Évidemment, la science a aussi un impact sociétal. Jusqu'au XIXe siècle, qu'un chimiste dans son laboratoire se fasse griller, c'était dommage pour lui, mais après tout, c'était son problème, c'était lui qui l'avait décidé. Il n'y avait pas d'impact sur la société. De nos jours, les découvertes technologiques et scientifiques ont une influence très profonde et immédiate sur la vie publique.

Donc, cela induit des questions morales : est-ce que l'on peut faire ça ? Est-ce qu'on peut utiliser des nanotechnologies ? Est-ce qu'on peut implanter des OGM, sachant que toutes ces technologies auront un impact important ? Et si cet impact n'est pas perceptible initialement, ne faut-il pas néanmoins pouvoir l'envisager, l'anticiper ?

Ce sont là des questions qui doivent être traitées dans des comités d'éthique.

L'éthique, au-delà de la technologie, ne doit-elle pas aussi interroger ce que nous définissons comme sujets de droit ?

Il faut maintenant avoir un humanisme élargi qui prenne conscience de cette notion d'écosystème. On ne peut plus, comme on le faisait avant, dire : « Dominez la nature et puis assoyez-vous et profitez ! » Ça, ça amène à l'échec. Il faut maintenant inventer un humanisme dans lequel il n'y a pas que les humains.

L'humanisme antérieur, l'humanisme classique – disons romain ou grec –, c'était les hommes. Cela excluait largement les esclaves et les femmes.

Donc, c'était plutôt sélectif ! Ce qu'on appelait la démocratie, en Grèce, c'était deux pour cent des gens. Aujourd'hui, on n'appellerait plus cela de la démocratie.

Puis, on a étendu cette notion à tous les humains – en grande partie grâce au christianisme.

Aujourd'hui, il nous faut l'étendre à tous les animaux, à toutes les plantes, à toute la biosphère, c'est-à-dire à tout ce qui est indispensable à notre survie. Si nous n'enrayons pas notre destruction de la nature, nous nous détruirons nous-mêmes.

Il faut donc améliorer notre comportement vis-à-vis des animaux sauvages et domestiques. Une loi a été passée récemment pour reconnaître aux animaux le statut d'êtres sensibles. Avant cette loi, les animaux étaient considérés comme des meubles, ils avaient un statut de meubles. Un meuble, vous pouvez le mettre à la poubelle s'il ne sert plus à rien. Mais vous ne pouvez pas faire cela avec un être sensible.

Notre dépendance vis-à-vis de la nature est un enseignement récent. Les Romains et les Grecs ignoraient cela. Pour les Grecs, les bêtes sauvages – les ours, les loups – étaient un danger qu'il fallait exterminer. On pensait qu'on ne pouvait pas vivre avec les loups. Maintenant, on sait qu'on ne peut pas vivre

sans les loups. C'est cela qui a changé. Nous avons découvert que nous dépendons de la biosphère et, de cette dépendance, découle l'élargissement de ce que nous considérons comme notre communauté.

Les joies de la gravité.

Êtes-vous optimiste ou pessimiste ?

Quand on demandait à Jean Monnet (l'un des hommes politiques français fondateur de l'Europe dans les années cinquante) s'il était optimiste ou pessimiste quant au succès de l'Europe, à une période où personne ne croyait que les Allemands et les Français pourraient un jour se réconcilier, il répondait : « L'important, ce n'est pas d'être optimiste ou pessimiste, c'est d'être déterminé à faire ce qu'on pense devoir faire, quoi qu'il arrive, en sachant que, peut-être, cela ne donnera rien. Mais, peut-être que cela donnera quelque chose. »

C'est l'attitude que j'aime avoir : volontaire, voire volontariste.

Personne ne connaît l'avenir, personne ne sait comment cette planète sera dans trente ans. Il n'est donc pas important d'être optimiste ou pessimiste. Il y a des bons jours (où l'on se dit que la situation va s'améliorer) et des mauvais jours (où l'on se dit le contraire). L'important, c'est d'être déterminé à continuer ce que l'on pense devoir faire. C'est une sorte de stoïcisme.

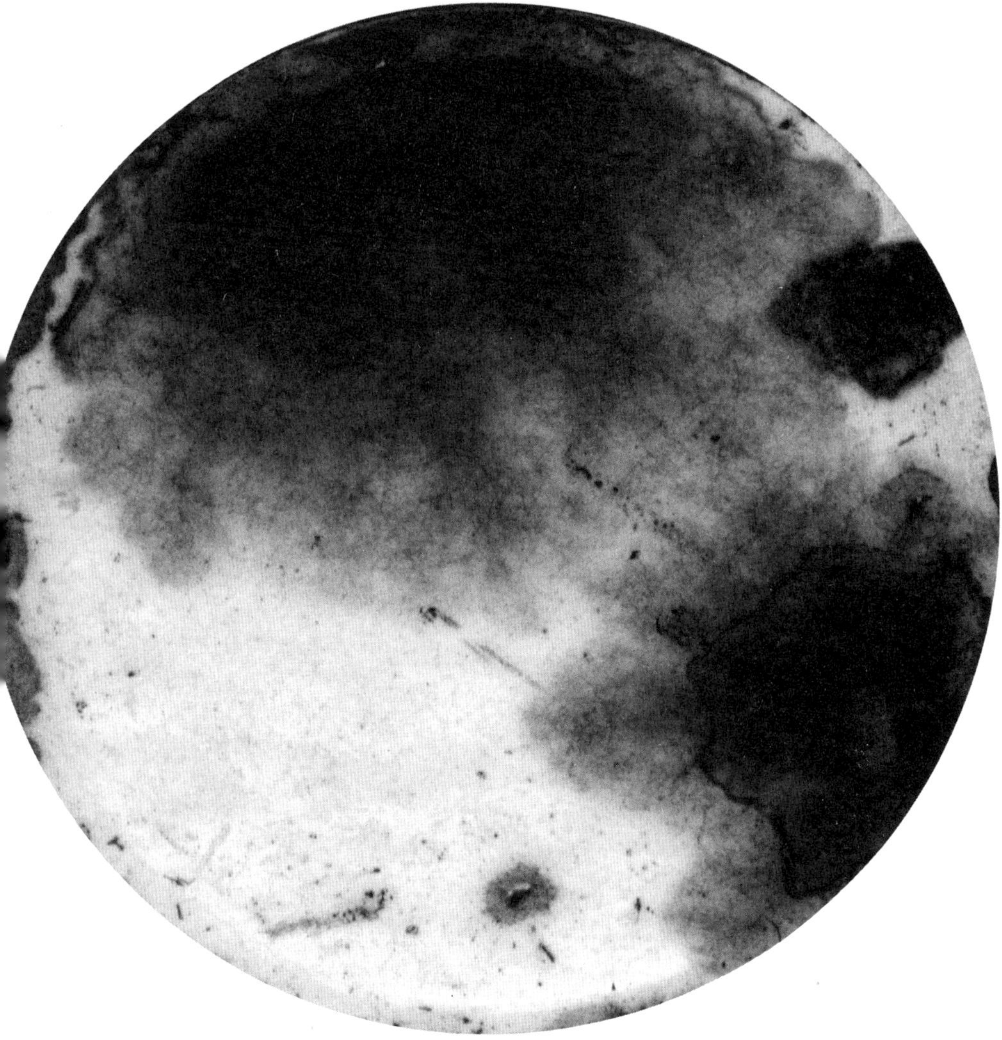

Les enjeux environnementaux s'affirment chaque jour davantage comme le plus grand défi de notre temps, et probablement de toute l'histoire de l'humanité : effondrement du vivant, perte de la biodiversité, réchauffement climatique, fonte des calottes glaciaires, acidification des océans, pollutions plastique et chimique, réification des espèces, déforestation... La tâche est énorme tant sur le plan matériel que narratif. Car l'homme n'est pas en train de ravager son milieu de vie par hasard. Il y a une généalogie de notre rapport au monde qui nous fait considérer notre planète comme un objet sur lequel nous avons tout droit et tout pouvoir.

Afin de relever ces défis, il nous faut donc changer en profondeur les structures matérielles de nos sociétés (agriculture, énergie, transport, production de biens et services, systèmes politiques…), et, pour cela, commencer par repenser le récit que nous nous faisons de nous-mêmes et du monde.

Au sein de notre collectif musical, Bravery in Battle, nous avons décidé de faire notre part, de participer à cet effort, comme citoyens, parents, humains, vivants, pour proposer une nouvelle manière de voir, de comprendre et de vivre le monde. Une vision éclairée, lucide, respectueuse, étayée de faits et d'études scientifiques qui puissent concurrencer et, nous l'espérons, se substituer aux récits actuels, profondément irrationnels et infondés.

En tant que musiciens, nous avons donc eu envie de créer un spectacle qui utilise la force émotionnelle de la musique pour mettre en scène et renforcer les paroles clairvoyantes de grands témoins de notre temps. Les défis environnementaux étant si variés, si interconnectés et si globaux, nous avons voulu réunir des témoignages complémentaires, venant de personnalités diverses, qui permettent d'aborder ces enjeux à travers leurs aspects scientifiques, biologiques, économiques, politiques, philosophiques et sociaux.

Ainsi est née *The House We Live In* (« la maison dans laquelle nous vivons »), proposition musicale, scénique et cinématographique rassemblant les témoignages musicalisés de penseurs, de scientifiques, de philosophes, de militants et de poète. Prenant nos micros et nos caméras, nous sommes allés interviewer et filmer Hubert Reeves, Vandana Shiva, Bill McKibben, Jean Claude Ameisen, Clive Hamilton, John Francis et Paul Hawken. Le poète Gatien Lapointe prend, lui, la parole à travers la voix de Mélanie Laurent.

Nous connaissions les travaux et les écrits d'Hubert Reeves depuis de nombreuses années. Nous avons grandi avec ses livres, et il a participé pour une large part à l'éveil de notre conscience écologique. Nous aimons chez lui le mélange entre une vision humaniste généreuse et une approche scientifique impeccable, association donnant naissance à un regard neuf, différent, sur nos relations avec le vivant. La science dont Hubert Reeves se fait le relais nous permet avant tout de faire descendre l'Humain du piédestal qu'il s'est érigé sans scrupule et de le remettre à sa vraie place : celle d'une espèce parmi les autres, une « parmi des millions ». Une espèce singulière, certes, unique, certes, mais dont la réussite – dont nous nous rengorgeons tant – peut être immédiatement questionnée dès que l'on change les critères qui l'évaluent.

Ce livre est donc tiré du long entretien qu'Hubert Reeves nous a accordé chez lui, à Paris en préparation du spectacle *The House We Live In*. Il nous livre ici des trésors de sagesse, une vision inspirante pour retrouver une juste place au sein de la nature et créer un monde plus harmonieux.

Vous pouvez retrouver la musique et le film de ce spectacle, ainsi qu'une large part des interviews de tous nos grands témoins dans le livre-album de Bravery in Battle, *The House We Live In – Penser le monde de demain*, déjà paru aux éditions de l'Aube (2020).

Plus d'informations

www.braveryinbattle.org

Hubert Reeves est astrophysicien,
engagé de longue date pour la défense
de l'environnement.

Bravery in Battle est un collectif musical.

Pascal Lemaître est illustrateur.

Retrouvez Pascal Lemaître sur
www.pascallemaitre.com

Dans la même série,
illustrée par Pascal Lemaître

Jean Claude Ameisen, avec Nicolas Truong, *Les chants mêlés de la Terre et de l'humanité*

Pierre Conesa, *Guide du paradis. Publicité comparée des Au-delà*

Boris Cyrulnik, Edgar Morin, *Dialogue sur la nature humaine*

Éric Dupond-Moretti, avec Denis Lafay, *Ma liberté*

Stéphane Hessel, *Dessine-moi un Homme*

Philippe Meirieu, *C'est quoi apprendre ?*

Toni Morrison, *Entre vos mains*

Edgar Morin, avec Denis Lafay, *Pour changer de civilisation*

Edgar Morin, *La Marseillaise*

Jean-Marie Pelt, avec Émile, *C'est quoi l'écologie ?*

Monique Pinçon-Charlot, Michel Pinçon, avec Émile, *C'est quoi être riche ?*

Pierre Rabhi, avec Denis Lafay, *J'aimerais tant me tromper*

Pierre Rabhi, *La part du colibri*

Jean-Christophe Rufin, avec Denis Lafay, *Compostelle, en Chemin vers soi*

Leïla Slimani, *Simone Veil, mon héroïne*

Annie Sugier, *C'est quoi être féministe ?*

Michel Troisgros, avec Denis Lafay, *La joie de créer*

Patrick Weil, *Être français*

Retrouvez notre catalogue sur
www.editionsdelaube.com

La Clairière des LIVRES

Pour chaque titre d'un livre imprimé,
un arbre est planté dans une forêt
de 15 hectares en Centre Bretagne.

www.typolibris.fr (by Printcorp)

Pour limiter l'empreinte environnementale de leurs livres,
les éditions de l'Aube font le choix de papiers
issus de forêts durablement gérées et de sources contrôlées.

Achevé d'imprimer en octobre 2020
par l'imprimerie Printcorp
pour le compte des éditions de l'Aube
331, rue Amédée-Giniès, F-84240 La Tour d'Aigues

Numéro d'édition : 4052
Dépôt légal : novembre 2020
Numéro d'impression : 20090443

Imprimé en Europe

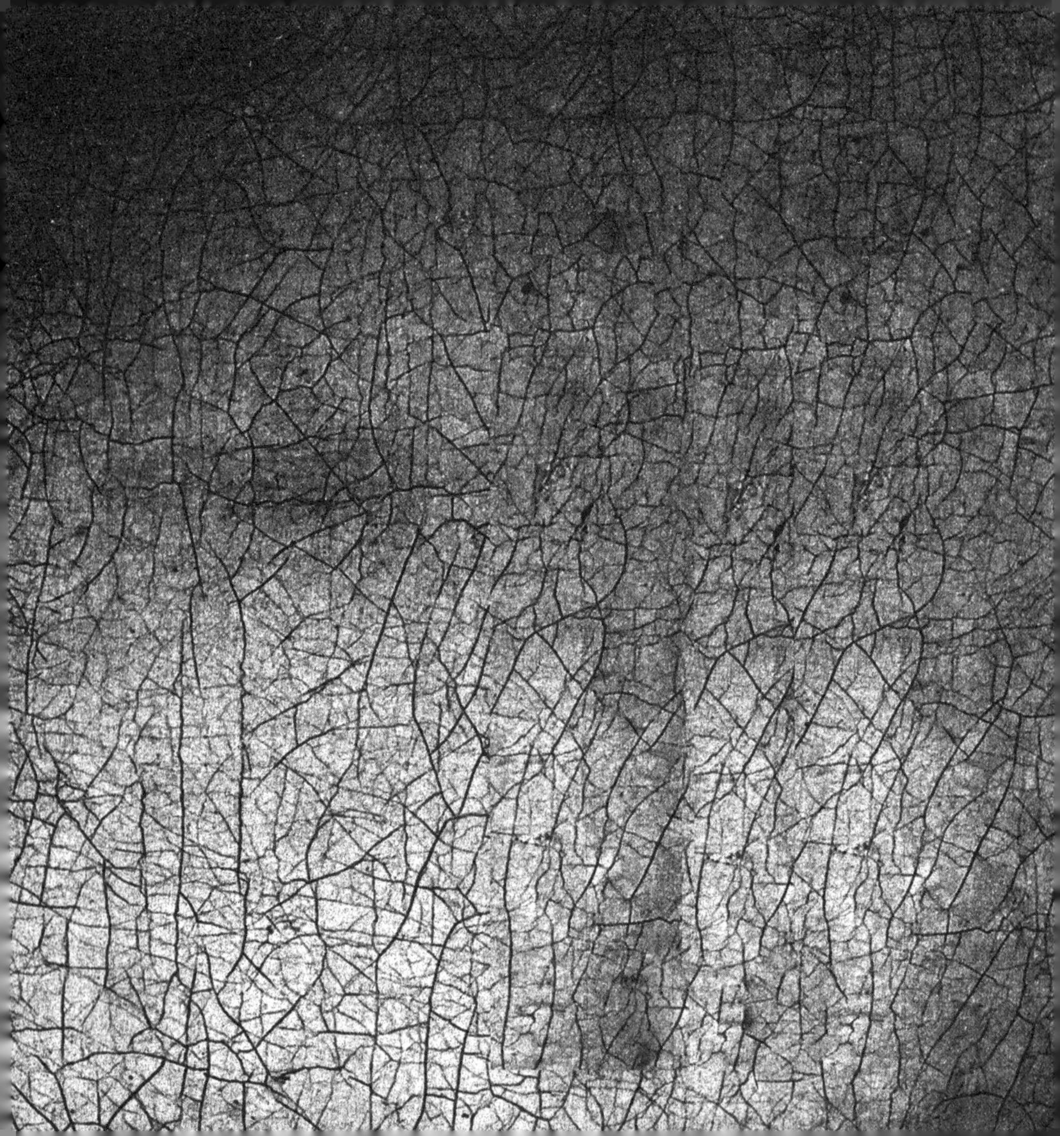